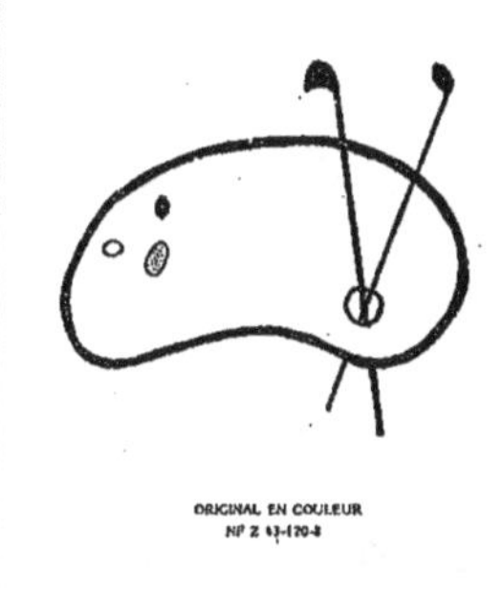

ORIGINAL EN COULEUR
N° Z 43-170-8

Couverture inférieure manquante

COURS

DE

SCIENCE DE L'ÉDUCATION

Leçon d'ouverture faite à la Sorbonne

le 3 décembre 1896

***

EXTRAIT DE LA *REVUE PÉDAGOGIQUE* DU 15 DÉCEMBRE 1896

PARIS

LIBRAIRIE CH. DELAGRAVE

15, RUE SOUFFLOT, 15

1896

COURS

DE

SCIENCE DE L'ÉDUCATION

Leçon d'ouverture faite à la Sorbonne

le 3 décembre 1896

———

EXTRAIT DE LA *REVUE PÉDAGOGIQUE* DU 15 DÉCEMBRE 1896

PARIS

LIBRAIRIE CH. DELAGRAVE

15, RUE SOUFFLOT, 15

———

1896

COURS

DE

SCIENCE DE L'ÉDUCATION

Leçon d'ouverture faite à la Sorbonne
le 3 décembre 1896

Mesdames, Messieurs,

N'est-il pas vrai qu'en ce jour de rentrée votre première pensée, comme la mienne, se reporte vers celui que nous espérions tous revoir ici? Hélas, le cours que nous croyions suspendu était à jamais fini; elle s'est tue à jamais, la voix que vous veniez entendre, profonde et charmante comme l'âme dont elle rendait le son. Mais la chaire qui se rouvre sans lui s'appellera toujours sa chaire. Nul en France, ni même ailleurs, ne pénétrera désormais dans la science de l'éducation sans y retrouver la trace et sans saluer le nom d'Henri Marion.

Aussi consacrer cette première heure à vous parler de lui, ce ne sera pas seulement rendre à la mémoire du plus aimé et du plus aimable des maîtres l'hommage qui lui est dû. C'est à vrai dire l'introduction nécessaire à nos études. L'avis unanime de la Faculté, qui a demandé le maintien de cette chaire sans nul changement, indique assez que le nouvel enseignement a conquis droit de cité. Il y a donc déjà une tradition: nous tenons à honneur d'en nouer pieusement les premiers fils.

Résistons d'abord au plus excusable des entraînements. Ce n'est pas la biographie de Marion que j'ai le droit de vous apporter. Il appartenait à d'autres de faire revivre l'homme dans la beauté de son caractère, le philosophe dans la hardie limpidité de sa doctrine, le moraliste dans sa profondeur d'observation, l'écrivain enfin dans ce langage dont la pureté n'a d'égale que celle de la pensée. Ici, nous n'aurons à faire que l'historique de la chaire de pédagogie.

Marion y était comme prédestiné par une double préparation. Il était armé pour la théorie par de solides études philosophiques, armé pour la pratique par une expérience personnelle de l'enseignement. Un coup d'œil seulement sur ces deux formes de sa préparation.

Des travaux philosophiques qui l'avaient en quelque sorte conduit au seuil de la carrière pédagogique, le premier avait été « une curieuse et pénétrante étude » sur *Locke, sa vie et ses œuvres*, publiée en 1878. M. Boutroux a dit dans une page touchante ce qui fait aujourd'hui pour nous le charme principal de ce petit volume. L'auteur y montrait son héros « avec sa physionomie mobile et calme, douce et vive : en toutes choses une simplicité parfaite. En lui tout avait ce caractère : ses traits purs, sa figure souffrante, mais ouverte et vraie, ses manières, son langage...; nulle autre originalité qu'une distinction-exquise, une sensibilité charmante sans banalité, et le plus rare mélange d'élégance et de caractère, d'aisance et de gravité... Libre avec passion, mais ayant horreur de la critique purement destructive et peu de goût pour la spéculation pure. »

Est-ce là le portrait de Locke, vous demandez-vous avec M. Boutroux, ou celui de Marion?

Mais que ce parallèle involontaire des deux hommes ne nous fasse pas perdre complètement de vue le livre et sa valeur. Par le court chapitre qu'il consacrait aux *Pensées sur l'Éducation* de Locke, on pouvait déjà deviner votre futur professeur. Il avait dès ce moment pris parti avec décision sur tous les points importants. Il dégageait vivement la pensée maîtresse ou plutôt la méthode dont Locke fut l'initiateur un peu à la façon anglaise, à force d'exemples et de détails, sans plan apparent, quelquefois sans mesure; mais avec quelle vivacité de ton et quelle liberté d'esprit, avec quel sens du réel, quel dédain du convenu! C'est une merveilleuse faculté que celle de pousser ainsi sa pensée droit devant soi en s'inspirant de la vie et non des livres, en prêtant plus d'attention, comme il le dit, « aux questions spontanées d'un enfant curieux et chercheur qu'aux discours des hommes faits qui tournent toujours dans le même cercle et obéissent à des notions d'emprunt ». Marion suit volontiers son maître dans cette voie ; il se range à son opinion, par exemple, sur l'importance de l'éducation physique, sur l'incurable inutilité de certains exercices qui passaient encore pour appartenir à la culture classique, comme le vers latin et même le discours latin [1], sur la nécessité d'une discipline scolaire bannissant les moyens serviles et se fondant toute sur ce que Locke appelait « le sentiment de l'honneur ». Ce n'étaient là que des germes : nous allons les voir grandir. Notons seulement que Marion avait pleine conscience de la portée de ce livre : après avoir soutenu que les *Pensées* de Locke ont en somme moins vieilli que l'*Émile*, il ajoutait : « Je suis persuadé que si l'on en donnait chez nous une édition séparée, le succès en serait considérable au milieu de nos discussions ardentes sur les programmes de l'enseignement public ». Vous savez que cet appel a été entendu : il nous a valu de lire enfin le texte vrai de Locke, traduit habilement par l'homme de France qui, avec Marion, avait le plus qualité pour traiter des doctrines de l'éducation, M. Compayré.

Le second ouvrage de Marion dans cette phase préparatoire est sa thèse de doctorat, qui est devenue un livre classique.

Ce n'est pas par une rencontre fortuite que le créateur du ha enseignement pédagogique en France s'est trouvé être l'auteur du beau livre sur la *Solidarité morale*. Sous ce titre, Marion entreprenait d'analyser, soit dans l'individu, soit dans la société, les faits qui montrent la liberté humaine à la fois irréductiblement réelle et étroitement limitée par les innombrables conditions qui pèsent sur son fonctionnement : conditions extérieures venant de la nature, de la société, de l'hérédité, du milieu physique et du milieu historique ; conditions intérieures engendrées par la liberté elle-même et résultant de ses propres actes, chaînes qu'elle s'est forgées elle-même, habitudes qu'elle a prises, penchants dont elle ne peut plus s'affranchir. Passer en revue « toutes les

---

1. « Faut-il avouer, écrivait Marion, que Locke plaidait si fortement il y a deux cents ans en faveur de ces mêmes réformes qui n'ont pas seulement pu être essayées tout de bon en France en 1873, tant elles ont soulevé de tempêtes ? »

forces autres que la nôtre propre et qui concourent avec ce que nous avons de liberté à nous faire moralement ce que nous sommes, étudier la génération des mobiles et des motifs et leur enchaînement au sein des volontés que par leurs diverses combinaisons ils inclinent en divers sens, » c'est étudier, disait l'auteur, « les conditions du perfectionnement humain ». C'était aussi, ajouterons-nous, étudier d'avance les conditions profondes de toute éducation humaine.

Cette étude, l'auteur l'avait conçue et conduite d'une manière qui faisait déjà pressentir l'éducateur sous le philosophe. C'est un livre non de métaphysique ou de sociologie, mais essentiellement de psychologie morale. On le félicitait à la soutenance d'avoir su trouver ce qu'il y a de plus rare au monde : du nouveau dans le connu. C'est pourquoi cet ouvrage, si fort et si dru, est pourtant d'une charmante lecture : « Il s'y trouve, disait un des collègues de Marion, nombre d'observations délicates et de réflexions justes que chacun accueille avec plaisir, parce qu'il se croit, bien à tort, capable de les faire lui-même et qu'il se figure y reconnaître ses pensées de tous les jours [1] ».

D'où vient au jeune moraliste son autorité et sa force de persuasion? M. Caro répondait : « C'est qu'il croit au bien. Il le cherche... et il le trouve. Il encourage l'homme à avoir confiance dans l'homme... On sent de plus, ajoutait ce juge si expert, qu'il s'intéresse à la vie déployée devant lui : il estime qu'elle a un sens, un but, une fin [2]. » Un pédagogue français bien oublié avait déjà dit, au commencement de ce siècle : « Aimer les hommes est la première condition pour les former dans l'enfance et dans la jeunesse, pour les conduire et les gouverner dans l'âge mûr [3]. »

Ni cette confiance en l'homme, ni cet amour des hommes ne se tournaient chez Marion en optimisme aveugle : on en peut juger par la fermeté des conclusions du livre : « Rien en ce monde ne dépend absolument de nous seuls, pas même l'usage de notre liberté; mais ce que les pessimistes oublient, c'est que nos misères sont en partie notre œuvre, que l'homme souvent se crée à lui-même les fatalités dont il se plaint... Notre espèce n'est vouée ni

---

1. Victor Brochard, *Revue philosophique*, 1880, II, p. 90.
2. *Journal des Savants*, 1880, p. 663.
3. Jullien (de Paris), *Essai général d'éducation*.

au bien, ni au mal nécessairement. Elle est ce qu'elle se fait, et elle aura le sort qu'elle méritera. Le progrès jusqu'ici ne s'est pas fait de lui-même ; il ne continuera pas non plus par la seule force des choses, il doit nous suffire qu'il soit possible, notre tâche est d'y travailler. »

Je ne parlerai pas ici des autres ouvrages de Marion sans rapport direct avec la pédagogie, mais je me reprocherais de ne pas mentionner au moins un écrit qui était surtout un acte. *Devoirs et droits de l'homme :* sous ce titre, Marion publia (1883) dans la Bibliothèque de la Société d'instruction républicaine un excellent petit manuel laïque d'enseignement moral et civique ; ce genre d'ouvrage était alors une nouveauté réputée hardie.

En même temps qu'il s'acheminait par ses livres vers la science de l'éducation, Marion s'y était directement exercé.

Quel professeur de philosophie il fut, à Pau, puis à Bordeaux, puis au lycée Henri IV : pour vous le dire, les témoignages ne manqueraient pas. Un seul les résumera tous, et avec quelle autorité! Voici comment M. Lachelier terminait un rapport d'inspection générale, il y a vingt-trois ans :

« ... Esprit ouvert et étendu, juste, ferme et clair, M. Marion possède et manie avec un rare bonheur tout ce que la philosophie et la science ont mis en circulation dans ces derniers temps d'idées ingénieuses et de faits précis. Mais ce qui est bien à lui dans son enseignement, c'est d'abord la composition habile et un peu savante de ses leçons ; ce sont ensuite quantité de remarques fines et de traits délicats où le cœur a autant de part que l'esprit ; c'est enfin l'aisance, la constante justesse et l'élégante simplicité de son élocution. Si l'on joint à ces mérites le charme de sa personne et de sa parole et le soin consciencieux avec lequel il s'occupe de ses élèves, on ne sera pas surpris du témoignage naïf que l'un d'eux, fils d'un ingénieur distingué, lui rendait devant moi : « Je ne puis pas vous dire, monsieur, combien nous l'aimons. Nous l'aimons tous. Et l'année dernière — nous le savons par nos camarades — c'était déjà la même chose. » (8 mars 1874).

Et ce fut la même chose, partout où il alla. C'est peut-être ce qui nous aidera tout à l'heure à comprendre ses théories sur la discipline des lycées. « Il y avait en lui — dit un autre de ses élèves, devenu un maître à son tour — une fière et séduisante douceur qui le rendait, sans qu'il lui fallût y prendre peine, le maître des âmes de ses élèves. Il savait leur mettre au cœur le très noble idéal de vivre pour les autres plus que pour eux-mêmes [1]. »

Chargé de prononcer, à la distribution des prix du concours général, le premier discours français que la Sorbonne ait entendu dans cette solennité (1881), il n'hésitait pas à dire le mot de la situation en résumant « tout l'esprit des réformes » dans cette formule: « On voudrait que nos bons élèves, au terme de leurs études, fussent plus près d'être des hommes vraiment préparés pour la vie, les hommes dont la République a besoin ».

Au Conseil supérieur, où il avait été sans concurrent l'élu des professeurs de philosophie (15 avril 1880), ce fut lui qui, dans une sous-commission de trois membres présidée par notre vénéré maître M. Paul Janet, rédigea pour les écoles normales les programmes d'instruction morale et de psychologie appliquée à l'éducation. Ce fut lui surtout qui, lorsque la loi Camille Sée vint enfin combler une profonde lacune, plus sociale encore que scolaire, fut le rapporteur des règlements relatifs à l'enseignement secondaire des jeunes filles. De tous les domaines où pouvait s'exercer heureusement son action, c'était celui qui semblait lui appartenir en propre. Et aujourd'hui encore, si quelque adoucissement pouvait tempérer les regrets qu'il nous laisse, c'est de savoir que l'école de Sèvres n'aura de longtemps d'autre inspiration que la sienne, exprimée mieux que par le meilleur des livres: c'est son âme qui a passé dans cette maison et qui la fera vivre [2].

Il est une autre grande École féminine qui n'oubliera jamais ce qu'elle lui doit. Lui-même a raconté ici, et avec quelle modestie, l'appel qui lui fut adressé quand M. Jules Ferry créa l'école de Fontenay, destinée à fournir, si l'on peut dire, des institutrices d'institutrices, c'est-à-dire des maîtresses capables de conduire les écoles normales laïques qui allaient s'ouvrir. A s'en tenir aux vieux errements, on aurait dû confier cet établissement régula-

---

1. Léon Marillier, *Manuel général de l'instruction primaire*, 18 avril 1896.

2. On sait que Mme Henri Marion a été nommée directrice de l'école de Sèvres, en remplacement de Mme Jules Favre. — *La Rédaction*.

leur de l'enseignement primaire à des maîtres primaires, choisis parmi les plus habiles dans le métier. Mais M. Ferry venait de dire en pleine Sorbonne : « L'enseignement primaire lui-même doit devenir une éducation libérale ». Et il appela à Fontenay — puis à Saint-Cloud pour les instituteurs — des hommes qui n'avaient peut-être jamais vu une école de village, mais qui avaient réfléchi aux besoins de notre enseignement national et qui savaient au moins une chose, c'est que pour l'éducation du peuple cela seul peut suffire qui est le meilleur dans l'excellent.

« Jamais, disait à bon droit Marion, plus grand acte de foi ne fut fait en la philosophie que le jour où elle fut ainsi mise en demeure d'aider à poser dans ce pays les bases d'une culture rationnelle pour l'universalité du peuple [1]. » Il a dit ailleurs, car il aimait à parler de ce « printemps de Fontenay » : « On a vu alors, en dehors des professeurs pris dans les lycées de Paris et dans l'enseignement supérieur, et tous bientôt gagnés par l'esprit d'apostolat pédagogique, on a vu les hommes les plus distingués du pays tenir à honneur d'apporter là, dans des causeries d'un prix singulier, ce que la philosophie ou la science leur semblait offrir de meilleur pour des esprits appelés à en former d'autres [2] ». Et il se plaît à rappeler les noms de ces volontaires de la première heure, M. Croiset, M. Vidal-Lablache, M. Melouzay, M. Albert Sorel, M. Boutroux, M. Liard, M. Bréal, M. Ravaisson, et cet autre tendre stoïcien, si pareil à lui et qu'il pleura comme un frère, Charles Bigot.

Ce que Marion ne dit pas, à savoir la part qui lui revient, à lui, dans la fondation de Fontenay, vous l'avez tous lu dans l'admirable notice que lui a consacrée M. Pécaut [3]. Quelle tâche il avait acceptée : créer pour les jeunes filles un enseignement de la psychologie, puis de la morale, envisagées au point de vue de l'éducation ! Les deux solides et lumineux manuels où il a résumé ce double enseignement n'en peuvent donner qu'une idée affaiblie. « Ce qui mit les élèves sous le charme du cours, dit M. Pécaut, ce fut la discipline rationnelle que le professeur y

---

1. Leçon d'ouverture, 1883.
2. *Monographies pédagogiques*, 1889, t. Ier, p. 15.
3. *Revue pédagogique* du 15 mai 1896.

apporta. C'était la première fois que les jeunes filles entendaient exposer avec cette ampleur, cette impartialité, cette absence de parti pris et de passion, les grands sujets de la méditation des penseurs. Il parlait à des femmes comme à des êtres capables de raison et de conscience, et non comme à des mineures auxquelles convient un régime de tutelle et d'autorité.... »

M. Pécaut avait eu d'ailleurs un juste pressentiment : cette modeste chaire en présageait une autre. M. Jules Ferry avait assisté à une des leçons de notre ami à Fontenay. Il fut heureux d'accueillir une proposition qui lui fit Albert Dumont. Ce directeur de l'enseignement supérieur — et sa doctrine fait encore loi aujourd'hui — entendait que l'enseignement supérieur fût l'inspirateur et le guide de tous les autres enseignements, afin d'être vraiment le génie tutélaire de la démocratie. Il s'avisa que la seule chose que la Sorbonne n'enseignât point était l'art d'enseigner. Ne tenant pas pour un dogme « que le métier de professeur ne puisse s'apprendre qu'à force de faire de mauvaises classes[1] », il demanda au ministre (1883) de confier à Marion un cours complémentaire sur la science de l'éducation, que M. Burdeau fit transformer en chaire professorale au budget de 1887.

Ce qu'a été l'enseignement de Marion ici, plusieurs d'entre vous le savent pour en avoir été les fidèles auditeurs. Beaucoup le savent presque aussi bien d'une autre manière : il leur a suffi de voir à l'œuvre un de ses anciens élèves. Aucun de ceux, aucune de celles qui avaient pris part à ses conférences n'en a jamais parlé, même après des années, au fond de la province, sans une lueur dans le regard, sans un accent ému dans la voix : j'en ai fait moi-même l'expérience plus d'une fois, et j'ai mesuré ainsi ce que ce doux maître avait eu d'influence. Que ne puis-je vous lire au hasard quelques lettres intimes de ses anciens élèves, aujourd'hui professeurs de lycée ou d'école normale, racontant comment il établissait ici entre eux et lui un courant d'intimité qui donnait aux plus timides le courage de parler, comment il les mettait à l'aise en tirant ses exemples de sa propre expérience, de l'éducation de ses enfants, de ses souvenirs de professeur ou même de ses

---

1. Edm. Dreyfus-Brisac, *L'Éducation nouvelle*, p. 211.

souvenirs d'élève de philosophie à Louis-le-Grand dans la classe de M. Charles, resté pour lui le type du maître incomparable. « La leçon finie, dit un d'entre eux, nous demeurions étonnés que de choses si simples, et qui nous eussent paru presque vulgaires, il tirât des conclusions tantôt si délicatement justes, tantôt si larges et si hautes[1]. »

Heureux le maître qui laisse son image vivante gravée en de pareils traits dans le cœur de ses élèves! Pour donner une idée de ce qu'il y avait de profond dans cette action, quelqu'un a dit de lui : « Ce n'était pas un professeur, c'était un directeur de conscience ». N'acceptons le mot qu'en le redressant comme il l'eût fait lui-même. Manieur d'âmes et semeur d'idées, oui, certes, il le fut, mais non pas à la manière de ceux qui, le voulant ou non, façonnent les autres à leur image, laissent leur empreinte sur tout ce qu'ils touchent et se font la conscience d'autrui. C'est ce qu'il redoutait par-dessus tout. Sa manière de répondre à qui venait le consulter sur les problèmes de la métaphysique ou sur ceux de la vie, c'était de les obliger à s'interroger eux-mêmes jusqu'à ce qu'ils lussent au fond de leur conscience la réponse qu'ils venaient demander. Un bon juge a bien défini cette manière de venir en aide à autrui: « Marion ne dit jamais : Imitez-moi. Il dit toujours : Trouvez votre voie, soyez vous-même. »

A côté des conférences, le cours public s'était continué régulièrement depuis la rentrée de 1883 jusqu'à février dernier avec une seule interruption imposée par une première atteinte du mal (1890-1892). Il avait abordé successivement et méthodiquement toutes les parties de la pédagogie théorique (éducation physique, intellectuelle, morale), puis les applications à l'enseignement primaire et secondaire, puis la psychologie de l'enfant et celle de la jeune fille. Et il commençait une revue de l'éducation à l'étranger : il avait traité de l'Angleterre et des États-Unis, il allait aborder l'Allemagne. Après cette longue période de professorat, notre ami avait commencé à en réunir la riche substance en un livre doctrinal dont il ne put écrire que les premiers chapitres. Vous compren-

---

1. M. Cornuel, professeur à l'école normale de Bourges.

drez que je m'abstienne de toute tentative pour suppléer à un travail que lui seul pouvait entreprendre [1].

Il m'a été permis pourtant de parcourir les volumes de manuscrits où revivent semaine par semaine ces onze années presque complètes d'enseignement. Il n'est pas besoin de vous dire avec quelle piété j'abordais cette lecture : mais combien mon respect s'est accru, quand j'ai pu me rendre compte du travail ainsi accumulé! Chacune de ces leçons, en vous arrivant ici, vous semblait une délicieuse causerie, tant il y régnait de clarté dans les idées, de liberté dans la parole, de grâce et d'aisance dans le ton. Or, il n'en est pas une dont le plan n'eût été arrêté, revu, repris, corrigé la plume à la main, les différents points de doctrine scrupuleusement étudiés, les termes soigneusement pesés, si bien que le simple canevas de chacun de ces cours ferait un livre et un beau livre. L'un d'eux surtout, celui qui a trait à l'éducation de la femme, est tout prêt : espérons qu'il vous sera donné sous peu. Ce sera un des premiers textes que nous proposerons

---

1. Voici du moins la liste des sujets traités dans les cours publics de cette période de onze années :

Marion avait tenu à débuter par une sorte de revue générale de la matière Les quatre premières années formaient comme un traité de la science de l'éducation, dont les grandes divisions, correspondant aux années universitaires, étaient d'abord l'étude des fins et des principes de l'éducation en général (1883-1884), puis l'éducation physique (1884-1885), l'éducation morale (culture de la volonté, puis culture de la sensibilité, 1885-1886), et l'éducation de l'intelligence (1886-1887).

Ce vaste cycle parcouru, Marion aborda l'enseignement considéré comme moyen d'éducation : deux années furent consacrées, l'une (1887-1788) à l'enseignement primaire, l'autre (1888-1889) à l'enseignement secondaire.

L'année suivante (1889-1890), il consacra les vingt-quatre leçons à une étude approfondie de la psychologie de l'enfant.

Puis, de 1892 à 1894, il traita de la psychologie de la femme et de l'éducation des jeunes filles, en faisant rentrer dans ce dernier sujet l'éducation physique, l'éducation morale, l'éducation esthétique, l'éducation pratique ou domestique, aussi bien que l'enseignement à tous ses degrés et dans ses diverses branches.

Avec son dixième cours effectif (1894-1895), il aborda l'étranger. Il commença par l'Angleterre, dont il examina en détail les institutions caractéristiques, après avoir été lui-même puiser les documents aux sources. Il a placé une partie de ses conclusions dans une étude approfondie qu'il donna à la *Revue Bleue* sur les livres de M. Max Leclerc, ouvrages d'un prix singulier pour la connaissance de l'éducation anglaise. Il y a juste un an, il abordait les Etats-Unis ; il en avait presque achevé la revue, et se proposait de commencer celle de l'Allemagne, quand il dut descendre de sa chaire pour n'y plus remonter (février 1896).

comme matière d'étude dans nos séances intérieures d'exercices pratiques.

Il me reste à vous parler de ce qui a fait au dehors la principale notoriété du nom de notre ami : c'est son rôle dans la réforme de l'enseignement secondaire. Laissez-moi aborder, messieurs, ce sujet délicat de la seule manière qui soit digne de Marion, avec une totale franchise.

Il avait été prié d'entrer dans la grande commission que le ministère consultait en 1889 sur cette réforme. Il n'était pas de ceux qui se dérobent ou se ménagent : il accepta d'être le rapporteur d'une question controversée entre toutes, la discipline des lycées ; son rapport parut dans le recueil des *Instructions ministérielles* du 15 juillet 1890. Deux ans après il publia, comme pour y servir d'ample commentaire, son beau livre : *l'Éducation dans l'Université;* on aurait dû faire précéder ce volume de la courte et magistrale allocution qu'il adressait ici même, à la rentrée de 1890, aux boursiers d'agrégation, page d'une rare valeur qui mériterait de s'appeler l'Introduction à la vie universitaire.

Une même idée inspire tout ce qu'il a écrit sur la discipline. Puisque chez nous l'Etat enseigne (est-ce un bien, est-ce un mal? c'est un fait), puisqu'il donne une éducation, « il faut que ce soit la meilleure et la plus belle, la plus noble, la plus complète et la plus efficace ». Quelle est cette éducation? Il n'y en a qu'une qui convienne à un pays libre, celle qui fait des hommes libres. Il faudra bien le redire au grand public jusqu'à ce qu'il l'entende, la seule école qui prépare à la liberté, c'est la liberté. On n'a pas fait l'éducation d'un jeune homme parce qu'on l'a gardé à vue et empêché jour après jour de mal agir. « Il faut l'amener, disait déjà Montaigne, à renoncer au mal, non pas faute de le pouvoir, mais de le vouloir. » Au frein extérieur, indispensable à la première enfance, doit peu à peu se substituer une loi intérieure, celle de la conscience. Soutenir d'abord l'enfant par un réseau d'influences qui l'enserrent doucement, le faire grandir dans un milieu moral et, à mesure qu'il grandit, l'exercer graduellement à vouloir, à juger, à réfléchir et à s'efforcer, à se surveiller ou à se corriger spontanément, ce n'est pas la meilleure éducation, c'est la seule. De là tout un régime disciplinaire, visant non plus à l'obéissance passive, mais à l'obéissance consentie et raisonnée; de là la préoccupation non pas tant du bon ordre qui se voit que du bon ordre du dedans, lequel consiste en ce que lentement, obscurément et sans que rien le montre aux yeux, il se forme dans l'adolescent une conscience, une raison, un caractère.

Tel est le programme que Marion entreprend de développer non pas en quelques vues d'ensemble, mais dans tous les détails de l'organisation d'un lycée. Pour en suivre jusqu'au bout l'application, il multiplie les exemples, il n'omet pas une des difficultés pratiques, passe en revue tous ces riens dont se compose la vie du collégien, en classe ou en étude, au réfectoire, au préau, en promenade. Il n'y avait qu'une plume en France capable de transfigurer ces infiniment petits en les éclairant de la haute lumière des principes.

On peut défier qui que ce soit, si prévenu qu'il puisse être, de lire ce livre sans en emporter une impression unique de sympathie, de reconnaissance et de respect, d'abord pour l'auteur, mais aussi pour l'Université. Car, on le sent à toutes les pages, c'est l'esprit même de l'Université qui parle. C'est elle, et non pas seulement Marion, qui a horreur de l'autorité brutale dans le commandement, des procédés mécaniques dans l'enseignement, des préparations factices en vue de l'examen, des moyens bas et des habiletés policières en fait de surveillance, de tout ce qui tend enfin à remplacer l'éducation par le dressage et la culture de l'esprit par l'habile façonnement des manières. Réunissez tous ces traits distinctifs de notre pédagogie française, et vous avez la « discipline libérale » de Marion.

Est-elle plus facile que l'autre? Oh non, certes non. Substituer à la sotte émulation la vraie, à la fantasmagorie des places et des prix la notation consciencieuse du travail journalier, aux punitions et aux récompenses niaises un mot du maître, mot de blâme ou d'éloge prononcé d'un certain ton, au culte du succès l'estime de l'effort, à la menace du pensum et de la retenue l'éveil de la conscience, c'est ce dont seuls, en tout temps, les meilleurs maîtres ont été et seront capables. Pour les encourager, Marion se plaisait à dire : « Nous n'avons pas, en général, assez bonne opinion des enfants, des grands jeunes gens surtout. J'ai toujours éprouvé que ce qu'on leur dit de plus élevé, si on le leur dit simplement, est ce qu'ils sentent le mieux et goûtent le plus. On ne sait pas assez ce que le maître comme le père peut obtenir de l'enfant par le seul fait de remarquer ses efforts et de lui en témoigner de la joie. »

Est-ce là excès de confiance? Ne va-t-on pas amollir les enfants en les traitant avec tant de mansuélude? Marion répondait avec sa précision ordinaire : « Ce n'est pas en imitant trop les conditions de la vie réelle, en soumettant prématurément l'enfant aux épreuves qui attendent l'homme, qu'on le préparerait le mieux à y faire bonne contenance. Une atmosphère idéale doit régner dans l'école : il faut notamment qu'on y respire la justice telle que peut la comprendre l'enfant, afin que son cœur en fasse provision en quelque sorte pour la vie et ne cesse jamais d'y croire. »

Comment donc un tel plan d'éducation n'a-t-il pas d'emblée réuni tous les suffrages? Et d'où vient que tant d'universitaires, j'entends des plus dévoués à leurs devoirs, en parlent encore avec d'expresses réserves?

Nous avons peut-être encore en France sur la manière dont se font les réformes — scolaires et autres — des idées bien inexactes et d'étranges illusions.

De combien de Français n'est-ce pas le premier mot, quand ils ont une bonne idée : « Si j'étais le gouvernement! » Que le gouvernement l'adopte, leur semble-t-il, et tout est dit. Il peut arriver que le gouvernement ne l'adopte pas. Alors éclate la traditionnelle lamentation sur le sort réservé chez nous à toutes les réformes : Encore une qui s'en va dormir dans l'ombre et l'oubli d'un dossier poudreux, au fond de la nécropole aux cartons verts !

Mais il est arrivé plus souvent depuis quinze ans, au moins dans notre gouvernement universitaire, que l'administration s'empresse d'accueillir l'idée novatrice. Et alors? Alors le ministre fait siennes les propositions qui lui ont été soumises par les hommes les plus compétents; il les sanctionne de sa signature, les encadre dans une circulaire qu'il adresse à tous ses subordonnés. Et du coup elles ne sont plus ce qu'elles étaient tout à l'heure. En passant par la transcription officielle, ces idées ont perdu je ne sais quoi de leur vertu, et d'autre part elles y ont pris un double caractère qu'elles n'avaient pas : elles sont devenues générales et impératives.

Générales, — et voilà, par exemple, cette discipline paternelle que vous pratiquiez dans la douce familiarité d'une petite classe ou d'un petit collège, la voilà rendue applicable du jour au lendemain à des internats de quinze cents élèves, où l'installation matérielle suffirait à la rendre impossible.

Impératives, — car après tout le ministre ne saurait parler sur le même ton qu'un professeur. Les fines pages du rapport de Marion, toutes pleines d'observations judicieuses auxquelles vous étiez en train de vous rendre tout bas, vous reviennent en vingt-trois articles de règlement, analyse fidèle, mais expression lapidaire : involontairement vous vous repliez, comme se referme à un trop prompt contact la feuille qui allait s'épanouir.

Marion, qui connaissait bien ses anciens collègues des lycées, prévoyait qu'on aurait de la peine « à vaincre une certaine timidité toute française qui retient l'expression des vérités morales sur les lèvres des meilleurs » : c'est ce que M. Fouillée appelait de la pudeur à rebours. S'il y avait songé, Marion aurait pu prémunir en même temps l'administration contre cette autre susceptibilité, toute française aussi, qui fait que rien ne nous est désagréable comme de nous entendre commander ce que nous avions envie de faire. On aime toujours mieux obéir à son bon cœur qu'à un règlement. Il y a tant de différence entre le plaisir d'aller de l'avant à la découverte, et celui d'emboîter le pas !

Non, malgré les apparences, même en ce pays de centralisation, ni un ministre n'est tout-puissant, ni un Conseil supérieur ni un Parlement. La moindre réforme qui, dépassant les questions de mots, intéresse la direction des âmes, âmes d'hommes ou âmes d'enfants, veut du temps et beaucoup de temps. Elle en veut d'autant plus qu'elle est moins mécanique. L'esprit est plus difficile à corriger que la lettre. Aussi un progrès qui, comme celui dont nous parlons, exige des efforts personnels, intelligents et volontaires, un progrès qui suppose la conviction d'abord, le dévouement ensuite, et par surcroît beaucoup de persévérance avec beaucoup de tact, un tel progrès n'est pas l'œuvre d'un jour ni d'un ministre. Qui l'a jamais mieux su que Marion? Et comme il vous le disait franchement à l'ouverture d'un de ses derniers cours : « De même que les ministres et les recteurs ne feront rien sans l'adhésion cordiale des professeurs, de même tous ensemble ne feront rien sans la collaboration de l'opinion, du milieu, en un mot des familles. Et c'est justement pour cela, ajoutait-il, que ce cours s'adresse non seulement aux futurs professeurs, mais au grand public. »

L'adhésion cordiale des professeurs, la collaboration intelligente des familles à ce plan d'éducation libérale de la bourgeoisie se feront-elles longtemps attendre? Nous ne le pensons pas.

Du côté des professeurs, ce n'est pas la réforme elle-même qui a suscité des inquiétudes, ce sont diverses circonstances qui l'ont accompagnée et suivant eux compliquée et compromise. Mais écoutez attentivement ceux qui se montrent le plus hostiles à la discipline libérale, laissez-les aller jusqu'au bout de leurs griefs. Et, quand ils ont fini, demandez-leur tout naturellement si la conclusion n'est pas qu'il faut revenir en arrière, rapporter les instructions de 1890 et rétablir les vieux règlements. Vous verrez leur étonnement; vous n'en trouverez peut-être pas un qui souscrive à cette proposition.

Et quant aux familles, on a bien pu, çà et là, en émouvoir quelques-unes. Il en est qui répètent, dociles et croyant avoir bien compris, les grands mots lus dans leur journal : « relâchement de la discipline, abaissement des études, abandon des principes, bonne instruction sans doute, mais médiocre éducation ». Tout cela sonne très bien et vous donne, dans une conversation de salon, je ne sais quel air entendu et profond : comment ne pas estimer des parents que le souci de leurs enfants rend si sévères pour l'Université? A qui la faute d'ailleurs s'ils nous jugent avec cette rigueur? Ne suffit-il pas qu'ils aient retenu la moitié du mal que nous disons de nous-mêmes? Car c'est là, comme on sait, que nous mettons notre point d'honneur. Et puis il est des auditeurs qui ne perdent pas un de nos aveux, qui recueillent sérieusement nos moins sérieuses boutades, qui les assemblent en réquisitoires accablants, et se penchent tout émus sur cette pauvre jeunesse que nous plaignons tant d'être entre nos mains. Étonnez-vous ensuite que certaines familles, ayant l'effroi facile et plus facile encore la foi aux sauveurs qui s'offrent, n'en demandent pas davantage pour remettre leurs enfants à des maîtres qui ne médisent jamais d'eux-mêmes.

Vous rencontrerez aussi de très honnêtes gens pour vous dire : « Marion! quel homme charmant, mais quel utopiste! » Ne vous arrêtez pas à leur répondre : « Mais c'est le moins utopiste des hommes. S'il avait consenti à l'être, s'il avait voulu se borner à résoudre ces minuscules problèmes scolaires du haut d'une belle théorie générale, on ne tarirait pas d'éloges : ce qu'on lui reproche, c'est précisément d'être entré, praticien expert, au plus vif de la pratique. » Argumentation inutile, le contradicteur n'a pas le temps de vérifier. Il sait un mot de Louis XIV qui s'applique bien ici, et il est trop heureux de vous le rappeler avec un fin sourire : « Le plus bel esprit de mon royaume, n'est-ce pas, et le plus chimérique. »

Seulement tout a bien changé depuis le Grand Roi, et le souverain d'aujourd'hui, si incompétent qu'on le dise, commence à savoir que de nos jours on ne se débarrasse plus d'un Fénelon par une impertinence.

N'insistons pas. Fermons le livre de Marion et attendons, prenons le temps pour juge. Dans une dizaine d'années, reparlez-en à ceux qui vous disent aujourd'hui : « Excellent livre, mais plein de chimères : il demande l'impossible ». Ils vous diront alors avec la même belle assurance, celle des gens qui ont pour eux l'opinion régnante et qui n'en ont jamais eu d'autre : « Excellent livre, mais plein de lieux communs ; il enfonce des portes ouvertes ». La vérité en ce monde a deux noms : dès qu'elle ne se nomme plus utopie, elle s'appelle lieu commun.

Vous le voyez, messieurs, respectant les limites de mon sujet, je ne vous ai parlé que de Marion pédagogue. Peut-on le séparer de Marion philosophe ? Que sont ses doctrines sur l'éducation, sinon l'expression même de ses doctrines sur la nature humaine ? S'il croit à la vertu de la discipline libérale, c'est qu'il a foi dans l'esprit humain. S'il veut que même chez l'enfant on fasse appel à la volonté libre et éclairée, c'est qu'il ne connaît pas en ce monde d'autre puissance à qui remettre la direction de l'humanité. M. Pécaut a dit : « La méthode de Marion, c'est la méthode rationaliste ». Le mot est vrai de sa philosophie autant que de sa pédagogie. Que d'autres, poètes ou métaphysiciens, se complaisent à explorer les régions vagues de l'âme où règne le clair-obscur de l'inconscient ou du subconscient, qu'ils s'exercent à entrevoir au delà des limites normales de notre vue intellectuelle des pensées impensables, des volitions latentes et je ne sais quelles sourdes aspirations à l'être ou à l'acte, comme on constate au delà des couleurs du spectre solaire certains rayons que l'œil ne peut saisir : Marion est loin d'y contredire, et il laisse la science se faire. Mais quand il s'agit de diriger pour la vie pratique l'homme ou l'enfant, le citoyen ou le pays, il réclame la pleine lumière. Il ne connaît pas d'autre instrument que l'on puisse honnêtement manier que la conscience et la raison, pas d'autre boussole, pas d'autre criterium. Et il se défie de quiconque se défie du grand jour de la pensée raisonnable. Sans doute il ne supprime ni le sentiment ni l'imagination ; il sait le fond de tendresse que garde l'âme humaine pour l'inconnaissable ; il ne s'étonne pas qu'un moderne et très raffiné mysticisme ait pour nos esprits avides d'infini des séductions toujours renaissantes. Mais lui ne se laisse pas séduire. Vous l'avez bien vu en particulier quand il aborda, au cours de ses études sur la psychologie de la femme, le détail de l'éducation des sentiments, jusque dans la question religieuse. Il disait dans une dans ses premières leçons (14 décembre 1893) : « Mettre la morale à la base, c'est donner à la religion elle-même qui viendra par surcroît, surtout dans le cœur de la femme, son assise la plus inébranlable. Une haute moralité rationnelle garantit une religion pure, plus sûrement qu'une dévotion ardente une haute moralité. »

Il avait déjà dit, dans son livre *l'Éducation dans l'Université*: « Nulle croyance respectable n'a rien à craindre d'une éducation toute de raison et de liberté ». Et ailleurs : « Il est très vrai que la morale étant la fleur de la culture, pour être enseignée dans la perfection doit l'être avec toute l'âme, disons-le sans hésiter, avec une chaleur religieuse, puisque aussi bien elle est la religion même dans ce qu'elle a de plus pur [1] ».

Ce rôle souverain qu'il assigne à la morale est un des traits dominants de sa pensée. Marion a été chez nous dans l'enseignement populaire de la philosophie un des premiers qui ont déplacé l'axe. Ce qu'il a trouvé au fond de la nature humaine, ce n'est pas un problème essentiellement intellectuel, c'est un problème pratique. Il importe de savoir, mais combien plus de vouloir!

---

1. *De l'Ecole au Régiment* (*Revue Bleue*, 7 septembre 1895).

Autant l'ancienne philosophie semblait compter sur les raisonnements, autant celle-ci reporte ses exigences du côté de l'énergie volontaire, de qui seule dépend le salut. A la formule cartésienne toujours vraie : *Je pense, donc je suis*, Marion ajoutait volontiers avec ses maîtres Renouvier et Secrétan : *Je veux, donc je suis*. Il ne le dissimule pas : sa doctrine en morale et en éducation, c'est la doctrine de l'effort. Il n'a même pas consenti, comme des esprits distingués le lui suggéraient, à remplacer ce mot un peu rude par celui plus français d'honneur, de dignité, de générosité [1]. Il souriait quand on lui parlait de ses tendances optimistes : « Non, disait-il en empruntant à un psychologue anglais un mot qui finira peut-être par passer dans la langue, non, ce n'est pas de l'optimisme, c'est du *méliorisme :* nous ne disons pas que tout est bien, nous disons que c'est notre devoir de tendre à ce que tout soit mieux. »

Il n'y a qu'une conclusion à la longue et pourtant si incomplète étude que nous venons de faire. Tous les amis de l'éducation française doivent souhaiter qu'il survive ici quelque chose, et le plus possible, de l'esprit de Marion. C'est aussi mon vœu le plus cher. La seule promesse que je vous apporte est de vous faire souvent ressouvenir de lui. Etre un fidèle continuateur : mon ambition ne va pas au delà.

Il me semble en effet, laissez-moi vous le dire, que je supplée un absent, que je fournis de mon mieux, à la place de l'ami prématurément frappé, la fin de carrière qui semblait, à vues humaines, lui appartenir. Nous nous connaissions, lui et moi, depuis le jour où, dans cette vieille Sorbonne, nous nous étions trouvés côte à côte aux épreuves de l'agrégation de philosophie. Depuis son retour à Paris, depuis son entrée au Conseil supérieur, j'avais le droit de voir en lui un frère d'armes, puisque jamais, nulle part, il ne m'avait refusé son concours, puisqu'en toute occasion il avait, avec plus de hardiessse que personne, défendu publiquement l'œuvre scolaire dont il traçait ici la haute théorie, tandis que j'en poursuivais ailleurs l'obscure et laborieuse application. Soldats de la même cause, le plus jeune des deux, et de combien le meilleur,

---

1. Raymond Thamin, *Revue de Métaphysique et de Morale*, novembre 1895.

est tombé le premier ; l'autre a sollicité l'honneur de relever le drapeau, sans se demander s'il lui serait donné de le tenir aussi haut. Ceux de qui dépend la décision à la Sorbonne et au ministère n'ont pas dédaigné ce bon vouloir d'un vétéran. Et c'est ainsi que vous me voyez devant vous, professeur quelque peu extraordinaire, je le sens, profondément touché de la marque de sympathie donnée en ma personne à la grande armée de l'enseignement primaire, effrayé, mais heureux, de n'avoir d'autre tâche ici que de vous parler à cœur ouvert des choses dont j'ai le cœur plein, — avec un seul regret enfin, s'il faut le dire, celui de quitter la maison où j'ai longtemps travaillé au moment même où y arrivait le ministre qu'entre tous j'aurais été heureux de servir et sous qui j'aurais cru revivre les jours de Jules Ferry.

Pour vous, messieurs, je n'ai qu'un souhait à former : puisse l'accord, l'identité d'inspiration qui vous apparaîtra dès l'abord entre le professeur d'hier et celui d'aujourd'hui vous aider à ne pas remarquer que tout, hormis cela, diffère!

Peut-être le sujet du cours de cette année[1] vous semblera-t-il indiquer que nous substituons tout de suite d'autres préoccupations à celles que savait vous faire partager ce sagace et fin psychologue. Eh bien, non! Au vrai, c'est encore une idée de lui qui nous inspire, celle même qui, vous l'avez vu, lui était chère entre toutes : la solidarité sociale.

C'est une idée qui a singulièrement grandi, messieurs, depuis le jour où Marion l'introduisait en Sorbonne, et elle grandira encore. De tous les sentiments nouveaux qui ont germé en silence depuis une ou deux générations au fond de la conscience publique, et dont l'éclosion un de ces jours étonnera ceux qui n'ont rien appris, n'ayant rien observé, le plus fort et le plus profond, sans doute, c'est le sentiment du devoir social, disons mieux, de la dette sociale qui pèse sur chacun de nous, et dont pendant longtemps nous semblions n'avoir pas plus conscience que de la pression de l'air qui nous enveloppe.

Vous avez entendu, messieurs, il y a quelques jours, quel lan-

---

1. Ce sujet est le suivant : « Du rôle social de l'éducation dans une démocratie ». — *La Rédaction.*

gage on a parlé aux étudiants de l'université de Paris : c'était, n'en doutez pas, le langage des temps nouveaux. Et quand le plus autorisé de leurs maîtres, avec une sincérité saisissante, est venu leur mettre sous les yeux la situation vraie de la France, burinée en ce court tableau : « Nous sommes placés entre l'espérance de réaliser la justice dans nos lois et dans notre société par la raison généreuse, — et la crainte que les passions des uns, l'indifférence des autres nous précipitent dans des abîmes inconnus ou nous ramènent aux trop connus vieux abîmes, » à ce moment, vous avez entendu frémir cette jeunesse, heureuse d'être si bien comprise ou devinée, fière de cette mise en demeure. La virile apostrophe du maître n'était pas finie qu'elle était couverte, faut-il dire par les applaudissements? non, mais par un solennel engagement d'y faire honneur.

Si telles sont aujourd'hui les dispositions et des maîtres et des élèves, comment le contre-coup ne s'en ferait-il pas ressentir dans les questions d'éducation? Il y a désormais un aspect social même de la pédagogie. On voit s'y dessiner aussi bien qu'en philosophie, non moins que dans l'ordre économique et politique, un mouvement qui tend à reviser de très près les titres de l'individualisme. Nous n'avons pas peur de cet examen. L'individu pris en soi n'a jamais été notre idole, et il ne nous coûte pas de convenir que le droit abstrait de l'individu n'est pas la fin dernière de la société, la raison unique des choses divines et humaines, le terme suprême de la pensée et de l'action.

Ce n'est pas un socialiste contemporain, c'est Spinoza, — et un des philosophes de cette maison a bien fait de le dire à un auditoire populaire, — c'est Spinoza qui assignait déjà pour objet aux méditations du philosophe non pas seulement de l'élever, lui, à la pleine dignité de ce qu'il nomme « la nature humaine supérieure », mais de travailler à « l'établissement d'une société telle (ce sont ses propres paroles) que le plus grand nombre puisse parvenir facilement et sûrement à ce degré de perfection [1] ». Comment pourrions-nous, en plein courant démocratique, répudier l'idéal que le penseur solitaire osait faire entrevoir aux vieilles monarchies?

---

1. Cité par M. G. Séailles dans sa conférence *La philosophie et l'éducation du peuple*, faite le 11 avril 1896 à l'Union pour l'action morale.

Parlez-nous donc en toute confiance et de justice sociale, et d'amélioration indéfinie des conditions de la vie humaine, et de devoirs nouveaux et de nouvelles aspirations qui nous élèveront à des formes plus complètes de socialité, à quelque chose de plus humain encore et de plus beau, s'il se peut, que la charité évangélique et que la fraternité républicaine. Nous ne crierons pas au blasphème, car nous savons l'âme humaine plus large que toutes les religions et plus profonde que toutes les philosophies.

Hommes d'éducation, nous avons toujours été plus ou moins des idéalistes. Et de tous les rêves dont nous aimons à nous enchanter, celui d'une société meilleure est, depuis Platon, notre rêve favori. L'habitude de vivre avec les enfants est cause, sans doute, qu'en imagination nous sommes d'un bon quart de siècle en avance sur les gens raisonnables. Albert Dumont l'a si bien expliqué : « L'avenir, disait-il, c'est notre raison d'être à nous : c'est pour l'avenir que nous travaillons, c'est sur l'avenir que nous marchons les yeux fixés ». Aussi quand nous entendons un noble cœur comme ce William Morris, par exemple, qui vient de mourir, s'écrier : « J'affirme que tout ordre social qui ne tend pas de toutes ses forces au plus grand bien de tous ses membres doit être remplacé par un autre qui du moins essaie de le faire », notre premier mouvement n'est pas de prendre nos sûretés contre les imprudences que peut recéler cette formule. Notre premier mouvement serait plutôt d'acquiescer au sentiment qui la dicte.

Mais à une condition.

A condition que cette justice nouvelle ne soit pas faite d'injustices, ni cette égalité d'égales servitudes, ni cette grandeur de la société à venir de l'avilissement des personnes, ni cette conscience sociale de la suppression de nos consciences d'hommes. Demandez-nous tous les sacrifices, excepté celui de notre honneur. Notre honneur est de garder avec un soin jaloux un certain nombre d'idées que nous n'avons pas faites, qui nous sont venues du fond des siècles, lentement formées du plus pur de la pensée humaine : l'idée de notre liberté et de notre responsabilité, l'idée du droit et du devoir personnel, l'idée du travail et de sa dignité, l'idée de famille et l'idée de patrie, deux images sacrées sans lesquelles nous ne pourrions pas vivre, l'idée d'une société politique fondée sur la souveraineté nationale et régie par la loi, l'idée du libre examen qui crée la science et du progrès fils de la science, l'idée d'un au-delà indéfini qui s'étend devant nous, individus, comme devant nous, sociétés, et qui incite à un effort sans cesse renouvelé vers un idéal sans cesse agrandi toutes les meilleures énergies de notre nature. C'est là notre trésor. Nous ne consentirons pas à le déposer au bord de la route sous prétexte de l'échanger demain contre un plus beau.

Nous savons bien que toutes ces notions à la fois morales et sociales dont vit l'humanité et qui font la civilisation, nous savons très bien qu'elles ne sont pas arrivées à une forme parfaite et immuable : elles continueront à se modifier, pour s'accroître. Accroissez-les donc si vous le pouvez, mais ne commencez pas par en faire table rase : la table rase, c'est la barbarie.

Dans le livre d'or de l'humanité, il reste, nous n'en doutons pas, bien des pages blanches sur lesquelles viendront s'inscrire, de siècle en siècle, des vérités encore inconnues. Est-ce une raison pour en déchirer les premiers feuillets, ceux où nous lisons couramment, ceux qui nous donnent la clef du poème tout entier? Nous voulons bien apprendre des leçons nouvelles, mais non pas désapprendre les anciennes. Pour épris que nous soyons du progrès social, nous n'imaginons pas qu'il faille l'acheter par une forme quelconque d'amoindrissement moral.

Nous entendons encore la voix d'un des maîtres de la génération précédente, de celui qui eut l'honneur, sous la monarchie de Juillet, d'être l'âme vibrante de la jeunesse et pendant l'empire d'être la conscience de la France muette : « Gardez-vous, — disait Edgar Quinet, et cela au temps même où il prêchait au Collège de France ce qu'il osait nommer « la guerre sacrée pour la liberté religieuse et sociale », — « gardez-vous d'abaisser le niveau moral, croyant par là rendre plus aisé l'avènement de la démocratie. L'avènement de la démocratie ne peut être qu'un nouveau progrès de l'esprit, de la civilisation, de l'ordre universel. Ou elle sera tout cela, ou elle ne sera jamais rien, ce qu'il est impie de supposer. »

Il semble que c'est une réponse à ce programme que tente de nous apporter la doctrine de solidarité esquissée par Marion. Loin d'opposer l'un à l'autre individu et société, elle nous apprend à ne plus même pouvoir séparer les deux termes, car ils ne vivent pas l'un sans l'autre. Elle nous apprend à ne plus nous représenter la société ni comme une poussière d'atomes dispersés à l'infini, ni comme une masse amorphe où disparaissent absorbés et dissous les éléments qui la composent, mais comme une équitable et harmonique coordination d'êtres vivants en un tout qui vit, lui aussi, mais qui vit en eux, avec eux et par eux. C'est, au lieu de la solidarité subie, la solidarité voulue : il y a de l'une à l'autre toute la distance de la marche aveugle des choses à l'évolution réfléchie de la liberté. Le lien de dépendance mutuelle qu'établissent entre eux des êtres libres est un acte de sagesse et de moralité ; il suppose le gouvernement des esprits par la raison, des volontés par la justice.

C'est pourquoi le *solidarisme* (si l'on pouvait créer ce mot) répondrait, semble-t-il, à la double aspiration des éducateurs : il les convie à perfectionner la société en perfectionnant l'homme, à travailler pour la cité en travaillant pour le citoyen ; il leur montre avec une égale force les deux côtés de leur tâche non pas rapprochés par une conciliation empirique, mais fondus en une harmonie supérieure. Car enfin, bien qu'elle en soit encore à ses premiers linéaments, cette jeune philosophie sociale, — ainsi que le soutient à bon droit un homme d'État qui au moins aura eu le mérite de s'appliquer à la préciser avec une grande élévation morale, — c'est bien celle qui, dès à présent, oppose les digues les plus fermes à l'égoïsme de la société et à l'égoïsme de l'individu : elle dit à la société considérée comme une personne morale « qu'elle ne sera grande que si chacun de ses membres est grand lui-même, grand par l'esprit, grand par la moralité ». Et elle dit à l'individu « qu'il doit compte à la société de chacun des accroissements de responsabilité qu'il reçoit, parce qu'il est juste de rendre au trésor collectif ce qu'il n'aurait pu recevoir sans l'effort collectif[1] ».

Est-ce sur ce terrain qu'un jour s'établira définitivement la science de l'éducation ? Avec mon cher et noble devancier, je veux l'espérer. Toutefois, quant à présent, que ce mot « science de l'éducation » ne fasse illusion à personne. Peut-être promet-il plus que, pour notre part du moins, nous ne saurions tenir. Prévenons tout malentendu. On ne prétend pas faire ici de la science

---

1. Discours de M. Léon Bourgeois à l'Association philotechnique, 4 novembre 1894.

pure, pas même de l'érudition, encore moins un cours de sociologie. L'enseignement, comme auraient dit les anciens non sans quelque dédain peut-être, y sera essentiellement exotérique. Il ne s'adresse pas à des initiés, il s'adresse à tous ceux qui, ayant charge d'éducateurs et d'éducatrices, dans la famille, dans l'école, dans la société, jugent bon de consacrer quelques heures à mettre en ordre les principes qui les dirigent, à démêler leurs raisons d'agir, à fixer leurs préférences entre les diverses théories et les diverses pratiques, à réfléchir méthodiquement sur le but à poursuivre et sur les chemins qui y mènent.

Devant le porche de nos vieilles églises du moyen âge, on avait coutume de ménager un espace compris dans l'enceinte sacrée, mais distinct du sanctuaire, sorte de transition entre l'agitation du dehors et le recueillement du temple. C'était là que se faisaient en langue vulgaire les communications familières du clergé, là que se représentaient parfois les mystères et que parfois s'installaient les petites écoles. Cela s'appelait le parvis.

Il me semble que notre cours est un peu le parvis de la Sorbonne.

On peut parler ainsi sans craindre de rabaisser l'enseignement dont Marion a créé le type. On n'humilie pas la pédagogie en rappelant qu'elle ne peut être qu'une science d'applications, et d'applications de seconde main. *Ancilla philosophiæ*, son rôle est de suivre les autres sciences morales, et encore de les suivre d'assez loin pour ne s'engager après elles dans une voie que quand la voie, bien frayée, bien explorée, est parfaitement sûre. Elle ne s'approprie que des vérités dès longtemps éprouvées, celles qui comportent la traduction dans la langue de tous et dans la vie de tous. Car l'éducation n'est pas l'art ou le métier de quelques-uns, c'est celui que tout homme ou toute femme doit être en état d'exercer pour son compte un jour ou l'autre. C'est de plus celui qui, par ses conséquences directes, intéresse le pays tout entier, surtout un pays de suffrage universel. Double raison pour que la Sorbonne lui soit libéralement ouverte.

C'est précisément pour mettre en vive lumière cette importance sociale de l'éducation des masses populaires que Marion écrivait, il y a quelques mois, sa lettre si intéressante à Henry Bérenger [1].

---

1. *Revue Bleue*, 7 septembre 1895.

Il applaudissait à ces congrès qui ont essayé de secouer l'indifférence publique en représentant tout ce qui reste à faire après l'école pour que l'enfant de l'ouvrier et du paysan ne soit pas un enfant moralement abandonné. Écoutez cette dernière citation : à la sévérité du ton, vous jugerez si ce problème l'avait pris au au cœur. Il s'adresse à la jeune bourgeoisie française, lui montre qu'elle aura perdu tout droit de diriger le pays si elle ne prend pas en main cette sorte de seconde éducation de notre peuple par l'adolescence, et il ajoute :

« Mais où est-elle, cette jeunesse assez éclairée, j'entends éclairée de la manière qu'il faudrait, assez sérieuse, assez ardente (en dehors des passions confessionnelles et de l'esprit de parti) pour se dévouer à cette œuvre de solidarité? Cette élite modeste, aussi précieuse dans une nation que sont les cadres dans une armée, que faisons-nous pour la former? Combien de professeurs de lycée ont jamais pensé à ce que pourrait être la fonction sociale de ces fils de fermiers ou de propriétaires ruraux qu'ils élèvent? Qui parle à ces jeunes gens du bien qu'ils peuvent faire et se soucie de les mettre en état de le faire? Quel enfant de la bourgeoisie petite ou grande est élevé dans un sentiment suffisant de ses devoirs civiques et mis à la hauteur de ses responsabilités?

C'est qu'en réalité nous n'avons pas encore compris sérieusement que tout le problème politique et social est un problème d'éducation. Seule désormais, absolument seule, l'éducation peut tirer nos sociétés modernes des périls qui les menacent. Je ne connais personne qui n'en convienne. Mais ceux qui le savent le mieux n'y pensent jamais assez, et nous faisons tous à peu près comme si nous ne le savions pas.

L'œuvre dont l'urgence éclate aujourd'hui à tous les yeux peut être commencée dès maintenant, grâce aux instincts généreux qui, Dieu merci, surabondent en France. Mais elle ne vivra que si nous faisons en sorte que nos fils y soient mieux préparés que nous. »

Ces paroles graves, oui, graves et poignantes, ont été en quelque sorte les dernières paroles de l'enseignement public de Marion : qu'elles soient les premières du mien !

F. BUISSON

IMPRIMERIE CENTRALE DES CHEMINS DE FER.
IMPRIMERIE CHAIX, RUE BERGÈRE, 20, PARIS. — 24216-12-96. — (Encre Lorilleux).